Far, hvad er AI?

En bog om kunstig intelligens

Skrevet af Daniel Pold

Daniel Pold

Far, hvad er AI?

Forlag: BoD · Books on Demand, Strandvejen 100,

2900 Hellerup, bod@bod.dk

Tryk: Libri Plureos GmbH, Friedensallee 273,

22763 Hamborg, Tyskland

ISBN: 978-87-7691-520-9

INDHOLDSFORTEGNELSE

FORORD

Da jeg begyndte at interessere mig for kunstig intelligens, var det ikke fordi, jeg forventede, at AI ville overtage verden eller erstatte menneskelig kreativitet.

Det var derimod, fordi jeg så en teknologi, der allerede ændrede vores liv – fra måden vi arbejder og kommunikerer på til, hvordan vi skaber indhold, forudsiger trends og løser komplekse problemer.

Denne bog er ikke en teknisk manual fyldt med koder og algoritmer. Bogen er en rejse gennem AI's verden, fortalt gennem en samtale mellem en far og hans nysgerrige søn, Theodor.

Formålet er at gøre AI forståelig og relevant for alle, ikke kun for forskere, men også for dem, der blot ønsker at forstå, hvad AI betyder for dem og deres fremtid.

AI er ikke en fjern fremtidsvision. Den er her allerede, og den udvikler sig hurtigere, end de fleste kan følge med i.

Men hvordan forholder vi os til den? Hvordan bruger vi den klogt? Hvordan skelner vi mellem hype og reel brugbarhed? Og hvordan kan vi selv begynde at eksperimentere med AI?

I denne bog vil du opdage, hvordan AI påvirker alt fra musik og kunst til markedsføring og madkundskaber. Vi dykker ned i praktiske eksempler, diskuterer AI's styrker og svagheder, og frem for alt undersøger vi, hvordan man bedst arbejder med AI.

AI er ikke magi, men det kan føles sådan, hvis man lærer at bruge det rigtigt. Jeg håber, at denne bog vil inspirere dig til at udforske teknologien, stille spørgsmål og ikke mindst eksperimentere.

For fremtiden tilhører dem, der forstår teknologien – ikke dem, der frygter den.

Velkommen til en rejse ind i AI's verden.

OM FORFATTEREN

Daniel Pold er en passioneret AI-entusiast med erfaring inden for kunstig intelligens og teknologi. Med en baggrund i marketing og kommunikation har han arbejdet med at implementere AI i praktiske løsninger, særligt inden for kreativt arbejde, marketing og automatisering.

Gennem sin karriere har Daniel set AI's udvikling på nært hold og oplevet, hvordan teknologien både kan inspirere og udfordre. Med denne bog ønsker han at gøre AI tilgængelig for alle – uanset om du er nybegynder eller allerede har erfaring med teknologien.

Bogen er skrevet for at afmystificere AI og vise, hvordan den kan bruges aktivt i hverdagen.

Når Daniel ikke nørder marketing, kan han findes med en kop kaffe i hånden, hvor han enten eksperimenterer med nye teknologier eller forklarer, hvorfor AI både er fantastisk og frustrerende.

For mere om AI og marketing, kan du følge Daniel på danielpold.dk, LinkedIn eller i podcasten "AI i øjenhøjde".

KAPITEL 1: FARS FORTÆLLING TIL THEODOR

Theodor sad i sofaen med sin tablet i hænderne.

På skærmen så han en video af en kunstig intelligens, der skabte fantastiske billeder.

Billederne lignede noget, en ægte kunstner kunne have lavet, måske endda bedre. Han lagde tabletten fra sig og så på sin far.

"Far, hvad er AI egentlig?"

Hans far, som sad i sofaen med en kop kaffe, kiggede op fra sin mobil telefon og smilede.

"AI, eller kunstig intelligens, er en teknologi, der kan lære og udføre opgaver, som normalt kræver menneskelig intelligens," sagde han.

"Så... en robot?" spurgte Theodor.

Far grinede.

"Ikke nødvendigvis. AI behøver ikke at have en fysisk krop. Tænk på Siri eller Google Assistant. De er AI'er, men de bor bare i din telefon."

"Så Siri er en robot uden en krop?"

"På en måde, ja," sagde far.

"Men hun er ikke særlig klog. Hun forstår ikke rigtig, hvad du siger. Hun genkender bare mønstre i din stemme og svarer baseret på det."

Theodor nikkede, men han undrede sig og havde stadig spørgsmål.

Hvad er AI?

Kunstig intelligens er en teknologi, der gør det muligt for computere at lære fra erfaring, tilpasse sig nye input og udføre opgaver, der normalt kræver menneskelig intelligens.

Det spænder fra simple systemer, som kan forudsige vejret, til avancerede neurale netværk, der kan skrive tekst, skabe visuelle grafiker og endda spille skak bedre end mennesker.

AI kan opdeles i to hovedkategorier:

Narrow AI – Dette er AI, der er designet til at udføre specifikke opgaver.

Eksempler kunne være stemmegenkendelse (som Siri og Google Assistant), billedgenkendelse og anbefalingssystemer på Netflix og YouTube.

Disse systemer er ikke i stand til at generalisere deres viden og færdigheder uden for det afgrænsede område.

Narrow AI efterligner eller simulerer intelligens, men besidder ikke ægte selvbevidsthed eller bevidst tænkning.

General AI (Strong AI) – En teoretisk form for AI, der ville kunne tænke, lære og forstå verden på samme niveau som et menneske.

Vi har endnu ikke skabt denne type AI, men forskere arbejder på det.

Strong AI ville kunne forstå, lære og anvende ny viden inden for mange forskellige områder på lige fod med mennesker.

Fra science fiction til virkelighed

"Men far, hvem fandt på AI?" spurgte Theodor.

Far satte sin kaffe fra sig.

"Det startede faktisk for over 70 år siden. I 1950'erne var der en britisk matematiker ved navn Alan Turing.

Han var en af de første, der stillede spørgsmålet: **Kan maskiner tænke?"**

"Og hvad svarede han?"

"Han sagde, at hvis en maskine kan føre en samtale med en person, uden at personen opdager, at det er en maskine, så må vi betragte den som intelligent. Det kaldes i dag Turing-testen."

"Har nogen maskine bestået testen?" spurgte Theodor.

"Ikke helt. Der har været AI'er, der har snydt nogle mennesker i kort tid, men ingen maskine har endnu vist ægte menneskelig intelligens."

En historie om Eugene Goostman

Eugene Goostman er en chatbot udviklet til at simulere en 13-årig ukrainsk dreng, og den kom i offentlighedens søgelys i 2014, da den angiveligt bestod en version af Turing-testen.

Ved en konkurrence præsenteret på Royal Society i London, lykkedes det chatbotten at overbevise 33 % af dommerne om, at den var et menneske.

Resultatet blev straks mødt med kritik, blandt andet fordi testen var kort, og rollen som en ung, ikke-indfødt engelsktalende dreng gav chatbotten en slags "undskyldning" for de sproglige fejl.

Nogle eksperter fremhævede, at testopstillingen ikke fuldt ud afspejlede Turings oprindelige idé, og at de anvendte kriterier var for lempelige.

Programmet blev imidlertid set som et teknologisk gennembrud, fordi det viste, hvor langt naturligsprog bearbejdning og AI kan nå, når algoritmerne bliver avancerede nok.

Eugene Goostmans udviklere fremhævede selv testresultatet som en milepæl, men anerkendte også de metodiske begrænsninger.

En uddybning af Turing testen

Alan Turing foreslog i 1950'erne en test, hvor en person kommunikerer med både en maskine og et menneske via tekst.

Hvis personen ikke kan skelne mellem de to, har maskinen bestået testen.

Selvom moderne AI'er som ChatGPT kan føre overbevisende samtaler, mangler de stadig bevidsthed og ægte forståelse.

De er gode til at efterligne intelligens, men de *forstår* ikke, hvad de siger – de beregner blot de mest sandsynlige svar til hvert input.

Theodor & machine learning

"Okay, så AI kan tale med os, men hvordan lærer den?"

Far tog en dyb indånding.

"AI lærer på en lidt anderledes måde end dig. Du lærer ved at prøve ting, lave fejl og forstå verden omkring dig. AI lærer ved at analysere enorme mængder data og finde mønstre."

"Så den kigger på en masse eksempler og prøver at regne ud, hvad der passer sammen ligesom et puslespil?"

"Præcis!

Det kaldes machine learning. Hvis du vil lære en AI at genkende katte, viser du den millioner af billeder af katte.

Maskinen finder ud af, hvilke træk der gør en kat til en kat – ører, knurhår, øjne – og begynder at kunne genkende dem selv."

Hvordan lærer en AI?

Machine learning er en metode, hvor AI lærer ved at analysere data og finde mønstre.

Der findes flere typer af machine learning, som forklares herunder:

1. *Supervised learning* – AI lærer ud fra eksempler, hvor den får at vide, hvad der er rigtigt og forkert.

For eksempel kan den trænes til at genkende katte ved at se på millioner af billeder, hvor der står "kat" under de rigtige billeder.

Algoritmen forsøger at lære sammenhængen mellem input (f.eks. billedpixels) og det korrekte output (f.eks. "kat" eller "ikke kat").

Træningen fortsætter, indtil modellen kan forudsige det korrekte output for nye, usete eksempler med en tilfredsstillende nøjagtighed.

Typiske opgaver inkluderer klassifikation (f.eks. spam vs. ikke-spam), som du kender fra din mailbakke og regression (f.eks. huspriser).

2. *Unsupervised learning* – Her er dataene ikke mærkede, så algoritmen får ikke at vide, hvilke datapunkter der "hører sammen".

Den skal i stedet selv opdage mønstre eller grupperinger (clusters) i data.

For eksempel kan den finde kunde-segmenter, der ligner hinanden, uden at vi eksplicit fortæller den, hvordan segmenterne skal se ud.

Denne metode bruges også til anomaly detection (f.eks. afsløring af svindel), fordi algoritmen kan opdage usædvanlige mønstre, der ikke passer ind i "normalen."

3. *Reinforcement learning* – Algoritmen (ofte kaldet "agenten") lærer at udføre handlinger i et miljø for at opnå en så stor belønning som muligt.

Når agenten gør noget "rigtigt," får den en positiv forstærkning (belønning), og ved "forkerte" handlinger kan den få straf eller manglende belønning.

Over tid optimerer agenten sin adfærd ved at maksimere den samlede belønning.

Dette er meget udbredt inden for spil og i robotteknologi (hvor robotter eksperimenterer med bevægelser og gradvist bliver bedre).

Deep learning er en under gren af machine learning, hvor man bruger dybe neurale netværk, inspireret af den måde, neuroner i den menneskelige hjerne er forbundet på.

Et neuralt netværk består af mange lag (heraf "deep"), hvor hvert lag bruger input fra de forrige lag til gradvist at lære mere komplekse repræsentationer af data. F.eks. kan det første lag i et billedgenkendelsessystem lære at finde simple linjer eller kanter, mens dybere lag vil kombinere disse til mere avancerede mønstre som former eller hele objekter.

På den måde kan deep learning-modeller automatisk udtrække relevante træk (features) fra rå data og dermed opnå meget høj præcision i opgaver som billed- eller stemmegenkendelse, tekstforståelse og tekstgenerering.

Teknikken er muliggjort af store mængder data, øget regnekraft (f.eks. via GPU'er) og avancerede algoritmer, der kan håndtere komplekse mønstre.

Dette gør deep learning i stand til at løse problemer, som tidligere var vanskelige eller umulige at håndtere med mere traditionelle machine learning-metoder.

KAPITEL 2: THEODOR MED FAR PÅ ARBEJDE

"Men far, hvordan bruger du AI i dit arbejde?" spurgte Theodor.

"Godt spørgsmål!"

"I marketing bruger vi AI til at analysere data, finde trends og målrette reklamer.

Når du ser en reklame for noget, du kan lide, er det ofte AI, der har fundet ud af, hvad der interesserer dig."

"Så AI spionerer på mig?"

"Hmm... ikke helt," sagde far. *"Men den samler data om dine interesser for at gøre reklamer mere relevante."*

"Så AI bestemmer, hvad jeg ser?"

"Ja, til en vis grad. Og det er netop det, der kan være både smart og farligt.

Hvis vi kun ser det, AI tror, vi vil se, kan vi ende i en boble, hvor vi aldrig bliver udfordret af nye idéer.

Forstil dig, at du konstant får at vide fra reklamer på Facebook, at Messi er verdens bedste fodboldspiller. Sandsynligheden for at du bliver påvirket af dette er temmelig stor."

"ALDRIG, svarede Theodor bestemt. Cristiano Ronaldo vil altid være den bedste"

Far grinede højt.

"Jeg er helt enig med dig, men du forstår budskabet. Man kan ende i en slags echokammer, hvor du kun bliver mødt af argumenter og holdninger, som bakker din teori op."

AI's etiske dilemmaer

AI har en enorm indflydelse på vores liv, men med stor magt følger stort ansvar.

Nogle af de største etiske spørgsmål ved AI inkluderer:

Bias – Bias (forudindtagethed) i AI opstår, når de data, som algoritmen er trænet på, allerede rummer skævheder eller fordomme.

Det kan medføre, at visse grupper bliver forskelsbehandlet, for eksempel hvis et ansigtsgenkendelsessystem genkender nogle etniciteter dårligere end andre.

Bias kan være svær at opdage, fordi det ofte udspringer af komplekse dataindsamlingsmetoder eller historiske skævheder.

Historisk har der været flere topchefer med et mandligt køn, hvorfor AI ofte vil beskrive en CEO, som en mand.

Derfor er det vigtigt at analysere træningsdata nøje og løbende måle, om AI'en fungerer retfærdigt for alle brugergrupper.

Overvågning – AI-teknologier som ansigtsgenkendelse og avancerede analysealgoritmer muliggør massiv indsamling og behandling af persondata.

Det kan være praktisk og effektivt i visse situationer, f.eks. i lufthavnssikkerhed eller i efterforskning, men grænserne mellem retmæssig overvågning og krænkende indblanding i privatlivet er ikke altid klare.

Sociale medier bruger også AI til at profilere brugere og tilpasse indhold, hvilket kan føles invasivt, da algoritmerne kan overvåge adfærdsmønstre og præferencer.

Denne udvikling rejser vigtige spørgsmål om balancen mellem teknologisk bekvemmelighed og individets ret til privatliv.

Autonomi – Autonome systemer, såsom selvkørende biler eller intelligente beslutningsalgoritmer, kan handle uden konstant menneskelig indgriben.

På den ene side kan det øge effektivitet og muligvis sikkerhed, men på den anden side opstår der etisk tvivl om ansvar og kontrol, hvis noget går galt.

Mange spørger, hvor meget magt vi skal give en AI til at træffe beslutninger, især når det gælder livsvigtige områder som medicinsk behandling, jura eller militær.

At finde den rette balance mellem automatisering og menneskelig overvågning er derfor centralt i diskussionen om AI's rolle i samfundet.

"Så AI kan hjælpe os, men den kan også manipulere os?" sagde Theodor.

"Lige præcis. Derfor er det vigtigt at forstå, hvordan den virker. Jo mere du ved om AI, desto bedre kan du bruge den klogt."

Theodor nikkede.

"Okay, så jeg skal lære at arbejde med AI, ikke imod den?"

"Præcis, min dreng."

Far smilede.

De havde kun lige ridset overfladen af, hvad AI kunne – og hvad det betød for fremtiden.

KAPITEL 3: EN REJSE UNDER AI'S MOTOR

Dette kapitel er et fagligt kapitel, hvor vi undersøger grundstenene til AI.

Forestil dig en verden, hvor computere kan genkende dine venner på billeder, anbefale nye sange til dig ud fra din smag, lære at spille Minecraft bedre end nogen menneskelig spiller og endda hjælpe med at diagnosticere sygdomme hurtigere end læger.

Denne verden er ikke længere et sciencefiction-scenarie; den er her allerede, og den drives af en række teknologier, vi samlet kalder kunstig intelligens (AI).

Men hvad foregår der egentlig under motorhjelmen på alle disse smarte systemer?

Hvordan kan en computer, som vi traditionelt har opfattet som en "dum" maskine, der bare følger instruktioner – begynde at 'forstå', genkende mønstre og tage beslutninger?

Dette kapitel vil forklare de grundlæggende byggesten i AI og give et indblik i, hvordan maskiner rent faktisk lærer.

Vi vil tale om alt fra datagrundlaget for AI til forskellige måder at træne en maskine på, og vi vil naturligvis også dykke ned i de fascinerende neurale netværk, der har vist sig at være ekstremt kraftfulde.

Undervejs kommer vi til at se på konkrete eksempler og historier, der gør det mere håndgribeligt at forstå.

Hvad er intelligens? Kan en maskine have det?

Når vi taler om kunstig intelligens, er det vigtigt først at tage et skridt tilbage og spørge: "Hvad er intelligens?"

For mange handler intelligens om evnen til at løse problemer, lære af erfaringer og tilpasse sig nye situationer.

En maskine besidder ikke følelser eller en oplevelse af verden, som vi mennesker gør. Men den kan være ekstremt dygtig til at genkende mønstre, håndtere enorme mængder data og optimere processer.

Når vi i daglig tale siger "AI," mener vi ofte computerprogrammer, der kan lære fra data.

Dette er faktisk en ret snæver del af det bredere felt af kunstig intelligens, men fordi de her metoder (f.eks. maskinlæring og neurale netværk) er så effektive, er de også blevet symbolet på moderne AI.

I dag er langt de fleste af de AI-systemer, vi møder, en form for narrow AI, som er beskrevet i kapitel 1.

De kan altså klare en bestemt opgave forbløffende godt, men kun den ene. Når vi siger, at AI "lærer," mener vi, at AI-systemet bliver bedre og bedre til netop den opgave via træning på data.

Data som brændstof

Forestil dig en bil uden benzin eller en elbil uden strøm. Det bliver svært at komme nogen vegne!

For AI er data nøjagtig det samme som brændstof: Uden data kan AI-systemer ikke lære eller forbedre sig. Data kan være alt muligt – tekst, billeder, lydoptagelser, talrækker, sensordata osv. Det afgørende er, at systemet kan få dataene serveret på en måde, så det kan finde mønstre i dem.

Typer af data

Strukturerede data: Tænk på et Excel-ark med rækker og kolonner, hvor alt er pænt kategoriseret (f.eks. "Alder," "Postnummer," "Indkomst").

Ustrukturerede data: Det kan være tekst, billeder og lyd, der ikke er sat i et bestemt skema. Her bliver det ofte sværere for en computer at gennemskue mønstre, men moderne AI-metoder (som neurale netværk) er særligt gode til det.

Store datamængder = bedre AI (som oftest)

Ofte gælder det: jo mere data, jo bedre.

Hvis du vil have en AI til at genkende hunde på billeder, skal du vise den tusindvis eller millioner af billeder af hunde (og ikke-hunde), så den får en fornemmelse af, hvilke træk der adskiller en hund fra alt andet.

Men kvaliteten af data er også vigtig, hvis data er upræcise eller fyldt med fejl, lærer AI'en forkerte ting.

Datadrevet eller modeldrevet tilgang

Traditionelt forsøgte man at programmere al viden om et emne direkte ind i computeren (modeldrevet).

I dag handler meget AI i stedet om at lade computeren finde mønstre i store mængder data (datadrevet).

Eksempel:

- **Modeldrevet**: "En kat har fire ben, en hale, knurhår, spidse ører osv."

- **Datadrevet**: Man viser millioner af billeder af katte og lader algoritmen selv finde fællestræk.

Moderne AI bygger typisk på en blanding, men bevægelsen mod mere datadrevne metoder har vist sig revolutionerende, fordi computeren selv kan opdage sammenhænge, menneskelige programmører ikke nødvendigvis havde tænkt på.

De grundlæggende principper i maskinlæring

Maskinlæring (ML) er hjertet i moderne AI. Det går ud på, at en computeralgoritme lærer en funktion ud fra et datasæt, så den kan generalisere til nye, usete data.

Men hvad betyder det helt konkret?

Tænk på en helt simpel lineær model: Du har en række målepunkter (x, y) og vil gerne finde den bedste rette linje, der passer til punkterne.

Maskinlæring er en generalisering af denne idé, men i stedet for en simpel linje i to dimensioner, kan vi have hyperkomplekse modeller i mange dimensioner.

Resultatet er det samme: Algoritmen justerer sine parametre, så den bedst muligt passer til data, og bruger derefter disse parametre til at forudsige nye tilfælde.

Neurale netværk – et kig bag kulisserne

Når vi taler om AI, hører vi tit om neurale netværk. Men hvad er et neuralt netværk egentlig for en størrelse?

Et neuralt netværk er inspireret af den måde, man engang troede, hjerneceller (neuroner) fungerede på.

I biologien har du nerveceller med dendritter (input-kanaler), en cellekrop og et axon (udgang).

Information bliver sendt via elektriske impulser. På samme måde består et kunstigt neuralt netværk af neuroner (matematiske funktioner), der er forbundet med hinanden i lag. Signaler (data) løber gennem netværket og bliver transformeret undervejs.

Selvom neurale netværk er løst inspireret af den biologiske hjerne, skal man huske, at de er meget simplere og fundamentalt set blot en masse matematiske beregninger pakket sammen.

Lag-på-lag struktur

Et neuralt netværk består typisk af:

Inputlag: Her kommer dine rå data ind (fx billedets pixels).

Skjulte lag: Et antal lag, hvor dataene transformeres trin for trin ved hjælp af vægte og aktiveringsfunktioner.

Outputlag: Det endelige svar, fx sandsynligheden for, at et billede forestiller en kat.

Når vi "træner" netværket, justerer vi vægtene i netværket, så outputtet bliver så præcist som muligt i forhold til de eksempler, vi har.

Aktiveringsfunktioner

Hvert neuralt netværks-neuron har også en aktiveringsfunktion, der afgør, hvordan input-summen oversættes til et output-signal.

Eksempler på aktiveringsfunktioner er sigmoid, tanh og ReLU. Disse funktioner gør netværket i stand til at repræsentere komplekse, ikke-lineære sammenhænge.

Deep learning

Deep learning er, når neurale netværk har mange (ofte mere end to) skjulte lag, så de kan lære meget komplekse funktioner.

Det er dybe neurale netværk, der har stået bag store gennembrud i alt fra billedgenkendelse til sprogmodeller (f.eks. ChatGPT).

Sådan lærer et neuralt netværk – gradient descent og backpropagation

Hvordan justeres vægtene i et neuralt netværk egentlig, når vi siger, at det lærer?

To vigtige begreber er gradient descent og backpropagation:

Gradient descent

Forestil dig, at du står på et bjerg og gerne vil ned i den dybeste dal (hvor fejlen mellem dine forudsigelser og de rigtige svar er mindst).

Gradient descent er en algoritme, der fortæller dig, i hvilken retning du skal "træde" for at komme tættere på bunden.

Du tager et skridt ad gangen, genberegner, og fortsætter, indtil du (forhåbentligt) ender i et minimum.

Backpropagation

For at vide, hvordan vi skal justere hver enkelt vægt i netværket, skal vi regne ud, hvordan hver vægt bidrager til fejlen.

Backpropagation er den metode, der gør det muligt at "sende" fejl-signalet baglæns gennem lagene i netværket og beregne, hvordan hver vægt skal ændres for at minimere den samlede fejl.

Uden backpropagation var deep learning ikke praktisk gennemførligt.

Eksempel: Kat vs. hund

Forestil dig, at Theodor vil bygge en AI, der kan skelne mellem katte- og hundebilleder.

Processen kan se således ud:

Dataindsamling

Han samler 10.000 billeder af katte og 10.000 billeder af hunde.

Labeling

Hvert billede får en label: "kat" eller "hund."

Træningsfasen

Billederne køres igennem et neuralt netværk, der starter med tilfældige vægte.

Systemet gætter på, hvad billedet forestiller, fx 70 % kat, 30 % hund.

Det sammenligner med den sande label (100 % kat, 0 % hund).

Forskel (fejl) beregnes, og ved hjælp af backpropagation justeres vægtene en lille smule.

Processen gentages mange gange (hundredevis eller tusindvis af "epochs").

Validering

Under træningen tjekker man jævnligt, hvor godt netværket klarer sig på nye billeder, det ikke har set før.

Resultat

Når systemet efter træning ser et nyt billede af en kat eller hund, kan det med høj sandsynlighed gætte rigtigt.

Under motorhjelmen laver netværket en masse multiplikationer og additioner af pixelværdier og vægte. Det, der virker magisk, er, at disse simple operationer i stor skala kan lære at genkende komplicerede visuelle mønstre.

Fejlkilder, bias og etiske overvejelser

Selvom AI virker "magisk", er det også vigtigt at forstå, at der kan opstå fejl og skævheder (bias). Hvorfor?

Skæve datasæt

Hvis data ikke repræsenterer virkeligheden korrekt, vil AI'en lære skævt. Fx hvis et ansigtsgenkendelsessystem primært trænes på personer med en bestemt hudfarve, kan det have svært ved at genkende ansigter med andre hudfarver.

Overfitting

Netværket "memoriserer" træningsdataene for meget i stedet for at lære generelle mønstre.

Det er ligesom at lære en bog udenad til en eksamen i stedet for at forstå stoffet.

På nye spørgsmål (usete data) klarer systemet sig dårligt.

Skal AI forstå for at lære?

Et stort spørgsmål er, om en AI faktisk "forstår," hvad den laver, eller blot manipulerer symboler.

Ifølge mange forskere lærer AI ikke på samme måde som mennesker, altså den eksekverer statistiske mønstre fundet i data. Alligevel kan resultatet se meget klogt ud udefra.

Kinesisk rum-argumentet

Filosoffen John Searle fremførte en tankeleg om en person, der sidder i et rum og får kinesiske tegn ind, slår op i en bog, der fortæller, hvilke tegn der skal sendes ud igen, uden selv at forstå kinesisk.

Pointen er, at selvom systemet opfører sig "intelligent," behøver det ikke at have en bevidst forståelse af, hvad det laver.

KAPITEL 4: THEODORS FORSTÅELSE AF TEKNOLOGIEN

Theodor sad ved køkkenbordet med en skål cornflakes foran sig.

Han skubbede dem rundt i mælken med sin ske og kiggede op på sin far, som sad med sin kaffekop og sin bærbare computer.

"Far, hvis AI er så smart, hvorfor har vi så stadig matematik i skolen?

Kunne vi ikke bare få AI til at lave alle regnestykkerne for os?"

Far grinede og lukkede sin computer.

"Det er et godt spørgsmål, Theodor.

AI kan lave matematiske beregninger hurtigere end noget menneske, men det betyder ikke, at vi bare skal glemme, hvordan man tænker selv."

"Men hvorfor ikke?" spurgte Theodor.

"Hvis AI kan regne det hele ud for os, hvorfor så bruge tid på at lære det?"

Far tog en slurk af sin kaffe.

"Fordi matematik ikke bare handler om at finde det rigtige svar. Det handler om at forstå, hvordan man kommer frem til svaret.

Det er ligesom at lære at cykle – du kunne i teorien bare få en trehjulet cykel, men det betyder ikke, at du forstår, hvordan man holder balancen på cyklen."

Theodor nikkede.

Han kunne godt se pointen.

"Så AI kan lave arbejdet, men den forstår ikke, hvorfor det virker?"

"Det kan du godt sige.

AI er fantastisk til at løse problemer, men den forstår ikke, hvad den gør. Den følger bare mønstre og regler, som den har lært."

Kunstig versus menneskelig intelligens

"Far, hvis AI kan lære alt så hurtigt, vil den så en dag blive klogere end os?" spurgte Theodor.

Far smilede og rystede på hovedet.

"Det er sandt, at kunstig intelligens kan gennemgå millioner af beregninger på næsten ingen tid, og at den kan overgå mennesker i mange discipliner som f.eks. analyse af enorme mængder data.

Men det betyder ikke nødvendigvis, at den er klogere end os. AI forstår ikke, hvad den laver på samme måde, som du og jeg gør.

Den finder statistiske mønstre i sine træningsdata, uden at 'vide', at det er det, den gør."

"Kan den så ikke lære at tænke selv, ligesom os?" spurgte Theodor ivrigt.

Far nikkede langsomt.

"Det er et af de store spørgsmål inden for forskningen.

Nogle håber på, at vi en dag kan skabe en form for strong AI – et system med ægte bevidsthed og menneskelignende tænkning.

Andre mener, at den slags bevidsthed aldrig kan opstå i en maskine, fordi en computer dybest set blot behandler data."

"Hvad så med at lave kreative ting?" ville Theodor vide.

"AI kan allerede lave billeder eller skrive tekster, der virker kreative.

Men det er stadig resultatet af komplekse algoritmer, der forudsiger, hvad der statistisk passer sammen ud fra tidligere eksempler.

Det er ikke det samme som menneskelig opfindsomhed, som kan opstå ud af en pludselig indskydelse, en følelse eller en drøm.

Ligesom du ofte gør, Theodor. Det kan AI ikke."

Theodor rynkede panden. "

Har den da ikke følelser?"

"Nej," svarede far.

"Selvom en AI kan simulere menneskelig adfærd eller skrive en dybt følelsesladet historie, har den ingen ægte følelser.

Den forstår ikke, hvad kærlighed, smerte eller glæde betyder.

Mennesker har desuden emotionel intelligens. Det er den del af os, der gør, at vi kan vise empati, forstå kunst, navigere i sociale situationer – og kort sagt være kreative og følelsesmæssige væsner."

Emotionel intelligens

Emotionel intelligens handler om en persons evne til at genkende, forstå og regulere egne følelser samt at opfatte og reagere hensigtsmæssigt på andres følelsesmæssige tilstand.

Det omfatter bl.a.:

1. *Selvindsigt:* At kunne sætte ord på sine egne følelser og forstå, hvorfor man reagerer på en bestemt måde.

2. *Selvregulering:* At kunne styre sine impulser og håndtere følelser uden at lade dem tage overhånd.

3. *Empati:* At opfange andres følelsesmæssige signaler og sætte sig i deres sted.

4. *Sociale færdigheder:* At bruge sin forståelse af følelser til at kommunikere effektivt, løse konflikter og skabe gode relationer.

AI kan i nogle sammenhænge genkende ansigtsudtryk eller stemmeføring og reagere på det, men det er ikke det samme som ægte empati eller selvindsigt.

Det er blot en algoritme, der matcher observerede mønstre med sandsynlige følelsesmæssige udtryk, men uden at maskinen i sig selv føler noget.

"Så den kan være hurtigere, men ikke nødvendigvis klogere," konkluderede Theodor.

"Præcis," sagde far.

"At være klog er andet og mere end at kunne løse svære opgaver på kort tid. Det handler også om at kunne reflektere, om at have empati og om at finde mening i tingene.

Det ved ingen, om en AI nogensinde vil kunne efterligne fuldt ud. Derfor fortsætter debatten: Hvor langt kan kunstig intelligens nå, og hvor ender menneskers unikke kvaliteter?"

"Far, tror du, AI vil tage dit job i fremtiden?

Du siger jo selv, at du bruger det hele tiden."

Far tog en dyb indånding.

"AI vil uden tvivl ændre arbejdsmarkedet. Nogle jobs vil blive automatiseret, men der vil også opstå nye jobs.

Tænk på dengang, hvor computeren først blev opfundet – mange troede, den ville tage alle jobs, men i stedet skabte teknologien en hel ny industri.

Så folk skal lære at arbejde med AI i stedet for at kæmpe imod den. Det må være mit bedste råd.

Derfor frygter jeg ikke, at AI tager mit job, men muligvis at AI ændrer på mine ansvarsområder."

AI's stigende indflydelse på os alle

AI er ikke bare fremtiden – det er nutiden.

Teknologien udvikler sig hurtigere end nogensinde før, og vi står over for en verden, hvor AI vil spille en endnu større rolle i vores liv.

For at forstå og navigere i denne nye æra er det afgørende, at vi lærer, hvordan AI fungerer, hvad dens begrænsninger er, og hvordan vi kan bruge den til vores fordel.

"Far, tror du, jeg vil arbejde med AI, når jeg bliver voksen?"

"Helt sikkert, Theodor.

Uanset hvilken branche du vælger, vil AI være en del af den. Så jo bedre du forstår den nu, desto bedre vil du være rustet til fremtiden.

Der var engang, hvor mange troede, at computeren ikke ville få stor indflydelse på vores samfund, men se bare nu.

Den er overalt, ligesom AI vil være det i mange år."

AI er en af de største teknologiske revolutioner i historien.

Den hjælper os med at løse komplekse problemer, gøre hverdagen lettere og skabe nye muligheder.

Men AI er ikke en magisk løsning – den har begrænsninger, og vi skal bruge den klogt.

"Så far, betyder det, at AI aldrig vil kunne erstatte mennesker helt?"

"Helt rigtigt, Theodor.

AI kan være et stærkt værktøj, men det er stadig os, der bestemmer, hvordan vi bruger den.

Fremtiden afhænger af, hvordan vi vælger at forme den."

KAPITEL 5: KREATIVITET I EN DIGITAL TIDSALDER

Theodor sad i sin fars kontorstol og kiggede fascineret på skærmen.

På få sekunder havde en kunstig intelligens genereret et billede, der lignede noget, en professionel grafiker kunne have brugt timevis på.

Theodor rystede på hovedet og vendte sig mod sin far.

"Far, hvordan kan en computer lave billeder? Skal man ikke være kreativ for det?"

Faren lukkede sin computer og smilede.

"Det er et rigtig godt spørgsmål, Theodor.

AI kan efterligne kreativitet, men spørgsmålet er, om den faktisk forstår, hvad den laver.

Når AI laver nyt indhold såsom tekst eller billeder kaldes det for generativ AI"

"Generativ AI? Hvad betyder det?"

"Det betyder en AI, der kan skabe noget nyt – tekst, billeder, musik, endda videoer.

Lad mig forsøge forklare dig, hvordan det fungerer."

Hvad er Generativ AI?

Generativ AI er en type kunstig intelligens, der ikke blot analyserer data, men også skaber noget nyt baseret på de mønstre, den har lært.

Generativ AI bruger komplekse neurale netværk til at lære af store mængder data.

Den ser på tusindvis af eksempler – billeder, lyd, tekster – og lærer at efterligne deres stil og struktur.

Men betyder det, at AI faktisk *forstår*, hvad den laver?

Nej.

Den skaber noget nyt baseret på sandsynligheder, ikke ægte inspiration.

Eksempler på generativ AI inkluderer:

GPT-modeller (tekst) – Kan skrive artikler, e-mail, historier, og endda kode.

DALL·E & Midjourney (billeder) – Kan generere billeder fra en simpel tekstbeskrivelse.

Suno.ai (musik) – Kan komponere sange i forskellige stilarter.

"Så AI kan skrive historier, male billeder og spille musik?" spurgte Theodor.

"Ja, men der er en vigtig forskel fra mennesker.

AI kan ikke føle kunst, som vi kan. Den kan kun genskabe mønstre fra eksisterende værker."

Theodor stirrede med store øjne på skærmen, hvor et computergenereret maleri foldede sig ud i klare farver og mystiske former.

"Hvordan kan AI overhovedet finde på det?" spurgte han nysgerrigt.

"Det handler om træningen," forklarede far og pegede på computerskærmen.

"For at en AI kan blive god til at skabe alt fra malerier til musik, skal den først lære af en masse eksempler.

Tænk på det som en slags kæmpe billedbog eller et bibliotek, hvor AI'en får lov at bladre gennem millioner af sider med alt fra klassiske malerier til tegneserier og digitale billeder."

"Det starter altid med data," fortsatte han.

"Uden data er der ingen viden at bygge på.

Hvis vi vil have AI'en til at forstå, hvordan en kat ser ud, viser vi den et hav af kattebilleder.

Hvis vi vil have den til at tegne grønne skove, giver vi den masser af eksempler på forskellige landskaber.

Alt dette gemmes i AI'ens 'hukommelse'."

Læring gennem neurale netværk

Far pegede på et skema, der viste et neuralt netværk.

"Det her ligner måske et mærkeligt edderkoppespind, men i virkeligheden er det AI'ens måde at efterligne hjernen på.

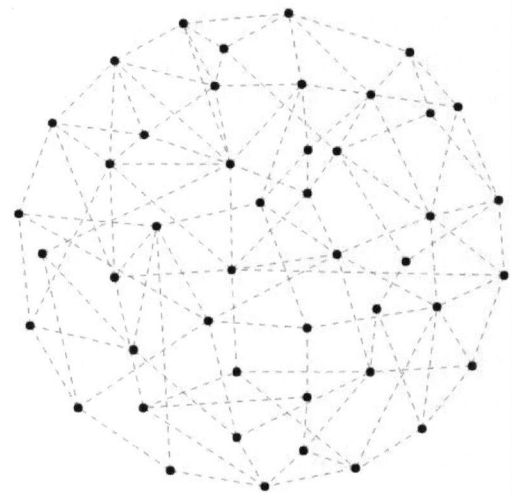

Hvert punkt i netværket er ligesom en lille 'celle', der modtager information fra de andre celler.

Når AI'en ser et billede af en kat, deler den billedet op i små elementer: farver, linjer, detaljer som ører og knurhår.

Gradvis lærer den at genkende de mønstre, der er særligt kendetegnende for katte."

Theodor kiggede koncentreret på billedet.

"Så netværket finder ud af, hvad der gør en kat til en kat?"

"Lige præcis," nikkede far.

"Og det samme gælder for alt muligt andet: mennesker, biler, huse eller abstrakte mønstre.

Neurale netværk kan være dybtgående, hvilket vil sige, at de kan have rigtig mange lag, hvor hvert lag bliver specialiseret i at genkende bestemte detaljer."

"Men hvad sker der, hvis AI'en tager fejl?" ville Theodor vide.

"Hvis den prøver at tegne en kat, men det ligner en hund?"

"Så får den at vide, at resultatet ikke stemmer overens med forventningen.

Det er ligesom at få besked om en fejl i en skoleopgave.

AI'en bruger den feedback til at justere sine 'indvendige indstillinger', så den næste gang kommer tættere på det rigtige.

Det er en løbende proces, hvor den igen og igen prøver sig frem, bliver rettet og gradvist bliver bedre."

"Så AI forbedrer sig selv hele tiden?" Theodor kunne næsten ikke holde begejstringen tilbage.

"Ja, på sin vis," svarede far med et smil.

"Jo mere data og feedback den får, jo dygtigere bliver den til at genkende mønstre og genskabe det, den har lært.

Og det er derfor, vi kun har set begyndelsen af det enorme potentiale, AI rummer.

I fremtiden vil teknologien sandsynligvis kunne skabe endnu mere detaljerede billeder, komponere musik, designe bygninger og meget mere. "

Theodor lænede sig tilbage i stolen.

"Det er som om, AI har sin helt egen fantasi, " sagde han drømmende.

Far trak på skuldrene.

"Det kan godt se sådan ud, men husk, at AI stadig baserer sig på de data, den har fået.

Den opfinder ikke ting ud af den blå luft – den kombinerer, hvad den allerede har set, i nye varianter.

Det kan dog stadig føles ret magisk, at vi pludselig kan få computere til at skabe kunstneriske, smukke eller sjove værker. "

Generativ AI i marketing

"Men far, hvordan bruger du generativ AI i dit marketingarbejde?" spurgte Theodor nysgerrigt.

Far lænede sig tilbage i stolen og sendte ham et eftertænksomt smil.

"AI er ved at ændre hele måden, vi laver marketing på," begyndte han.

"Før i tiden skulle jeg bruge dage eller uger på at skrive tekster til blogindlæg, lave reklamer eller designe billeder.

Nu kan AI gøre det på få sekunder.

Og hvis jeg skal være helt ærlig, så er resultatet ofte både hurtigere og bedre, end når jeg selv sidder og klør mig i håret."

Theodor spærrede øjnene op.

"Virkelig? Hvordan fungerer det?"

Far rejste sig og hentede sin laptop.

"Jeg vil forsøge at vise dig det," sagde han, mens han klikkede sig ind på sit AI-værktøj.

1. AI-drevet content marketing

Automatisk indhold: AI kan skrive blogindlæg eller produktbeskrivelser, der passer til en virksomheds stil og målgruppe.

Tænk på, hvor meget tid vi sparer, når vi ikke behøver at skrive alt selv.

Effektivitet: Mange virksomheder ønsker hele tiden nyt indhold, så de kan ses af kunderne, altså skabe synlighed.

Med AI kan vi producere større mængder indhold uden at øge vores arbejdstid tilsvarende.

Personlig stil: Vi kan faktisk 'fodre' AI'en med eksempler på vores skrivestil, så den efterligner vores tone-of-voice.

Det gør, at indholdet føles autentisk og troværdigt for læserne.

Theodor kiggede interesseret på skærmen, mens Far viste ham en tekstgenerator, der netop var i gang med at færdiggøre en artikel om Theodors yndlingsfodboldhold, Real Madrid.

"Wow, " udbrød han.

"Det går virkelig hurtigt!"

2. Personalisering

Målrettede annoncer: AI analyserer, hvad forbrugerne klikker på, hvilke ting de søger efter, og hvordan de navigerer på nettet.

På den måde kan vi skabe reklamer, der passer præcis til hver enkelt person.

Bedre kampagner: Når vi ved, at nogen elsker at rejse, får de vist rejsetilbud.

Når vi ved, at andre er interesserede i sport, får de tilbud på løbesko.

Det gør reklamerne mere relevante – men nogle mener også, at det kan føles en smule som overvågning.

Jeg syes derimod, at det fedt, at reklamerne er 100% relevante for mig.

"Så AI kan lave reklamer, der passer helt specifikt til mig?" spurgte Theodor og mærkede en snert af forundring blandet med ubehag.

Far nikkede.

"Ja, og det er både en fordel og en udfordring. På den ene side får du tilbud, der er interessante for dig.

På den anden side er der folk, der mener, at vi bevæger os tæt på at krænke privatlivet, hvis vi ved for meget om folks onlineadfærd."

Theodor kløede sig i nakken.

"Men far, er det ikke snyd, hvis AI laver alt arbejdet?" spurgte han så.

Far grinede lidt tørt.

"Det er præcis det, der er kernen i debatten," svarede han.

"Når AI er så god til at skabe nye ting, hvem er så den egentlige ophavsmand, og hvor går grænsen mellem inspiration og decideret automatisering?"

Etiske dilemmaer ved Generativ AI

1. Ophavsret

"Hvis en AI laver et maleri, hvem ejer det så?" spurgte Far.

"Er det programmøren bag AI'en, der har ret til det?

Er det den person, der bad AI'en om at lave maleriet?

Eller er det ingen af delene?"

Mange kunstnere føler sig allerede truet, fordi de er bekymrede for, at AI vil overtage deres job eller 'låne' deres stil, uden at de får noget igen.

Theodor tænkte på sine egne tegninger i skuffen på værelset.

"Kan AI også male lige så flot som mennesker?" ville han vide.

Far trak på skuldrene og svarede: "Nogle gange kan AI lave utroligt flotte ting, andre gange knap så flot, men muligt det er det, absolut.

2. Fake News

Far viste Theodor et manipuleret billede af en kendt skuespiller i en situation, der aldrig havde fundet sted.

"Se her: Med generativ AI kan man nemt lave falske billeder, videoer eller endda stemmer, som virker fuldstændig ægte."

"Det kan bruges til sjov," forklarede han videre.

"Men det kan også misbruges til at sprede misinformation eller decideret ødelægge en persons omdømme."

Theodor gøs lidt.

"Det er jo ret skræmmende."

"Ja," indrømmede Far,

"men det er netop derfor, vi er nødt til at være opmærksomme på, hvordan vi bruger teknologien."

"Så AI kan både hjælpe os og skabe problemer?" konkluderede Theodor med panderynken.

"Lige præcis," sagde Far.

"Det handler om at finde en balance. AI giver os fantastiske muligheder for at skabe nyt indhold, automatisere processer og forbedre oplevelsen for kunder.

Samtidig kan den fordreje virkeligheden, hvis den havner i de forkerte hænder."

Generativ AI er ved at ændre verden.

Den hjælper os med at skabe indhold hurtigere og mere effektivt end nogensinde før, og den åbner døren til helt nye løsninger i alt fra markedsføring til kunst og underholdning.

Men med al teknologi følger der ansvar.

Når computere kan skrive historier, producere reklamekampagner og forfalske videoer, tvinges vi til at overveje:

Hvem ejer AI-skabt kunst?

Hvordan undgår vi, at misinformation spredes på sociale medier?

Hvor går grænsen mellem maskinel effektivitet og menneskelig kreativitet?

Mens Theodor og Far sad og talte om alt det spændende og skræmmende som AI kunne, blev det klart, at fremtiden rummer et enormt potentiale.

Spørgsmålet er blot, om mennesker er klar til at forvalte den nye teknologi med omtanke og respekt for både etik og kreativitet.

KAPITEL 6: HAR AI FØLELSER?

Theodor sad med sin far i bilen på vej hjem fra en tur i byen.

Han stirrede ud ad vinduet og lod tankerne vandre.

Efter deres lange samtaler om AI og generativ AI var hans hoved fyldt med spørgsmål, han ikke helt kunne slippe.

"Far, tror du, at AI en dag vil kunne tænke som os?" spurgte han og vendte sig mod sin far.

Far skævede til ham og smilede.

"Det er et spørgsmål, som selv de klogeste forskere i verden ikke kan svare på endnu, Theodor.

Men hvad mener du selv?

Tror du, en maskine kan få bevidsthed?"

Theodor rynkede panden.

"Jeg ved det ikke... AI er jo allerede virkelig klog.

Den kan lave kunst, skrive historier, endda snakke med os. Hvis den fortsætter med at blive bedre og bedre, vil den så ikke til sidst blive ligesom os?"

Far nikkede langsomt og drejede bilen ned ad en smal vej.

"Det er en mulighed, men det afhænger af, hvad du mener med 'ligesom os'.

En AI kan efterligne menneskelig adfærd, men betyder det, at den forstår verden på samme måde som dig og mig?

Vi har følelser, bevidsthed og en personlig historie, der former vores valg. AI har kun data og mønstre."

"Men hvis en AI kan lære alt om mennesker, hvorfor skulle den så ikke kunne tænke selv?"

"Fordi at lære noget og at forstå noget er to vidt forskellige ting," sagde far.

Lad mig give dig et eksempel.

"Hvis du lærer et computersystem at genkende billeder af katte, vil det blive rigtig dygtigt til det.

Men betyder det, at det forstår, hvad en kat er?

Forstår det, hvordan en kat føles, hvordan den spinder, eller hvorfor den jagter en rød laserprik?"

"Nej, det kan den vel ikke," sagde Theodor og tænkte sig om.

"Den ved bare, hvordan en kat ser ud."

"Præcis.

AI kan analysere data og finde mønstre, men den har ingen oplevelser. Den mærker ikke verden, som vi gør.

Den ved, at en kat har fire ben, en hale og pels, men den vil aldrig vide, hvordan det føles at klø en kat bag øret eller høre den spinde af glæde."

Theodor nikkede langsomt.

"Så den kan regne alting ud, men den føler ingenting?"

"Lige præcis. Og det er her, forskellen mellem menneskelig intelligens og kunstig intelligens bliver tydelig.

Vi mennesker har en bevidsthed, som ingen endnu forstår fuldt ud. Vi føler glæde, frygt, vrede – og vi tænker over vores egne tanker.

AI gør ingen af delene. Den har ikke en 'indre verden' som os."

De var nu tættere på deres hus, og far bremsede bilen blødt op foran indkørslen.

"Men far, hvis AI en dag bliver så avanceret, at den kan opføre sig præcis som et menneske, vil vi så kunne se forskel?"

Far trak nøglen ud af tændingen og vendte sig mod ham.

"Det er et virkelig interessant spørgsmål, Theodor.

Tænk på Turing-testen. En test, hvor en person skal forsøge at finde ud af, om de snakker med en maskine eller et menneske.

Hvis en AI kan narre os til at tro, at den er et menneske, betyder det så, at den er det?"

Theodor overvejede det et øjeblik.

"Måske? Hvis vi ikke kan kende forskel, så er den vel på en måde ligesom os?"

"Eller også betyder det bare, at den er virkelig god til at efterligne os," sagde far.

"Forestil dig en papegøje, der lærer at sige 'hvordan har du det?'. Den kan sige ordene, men forstår den, hvad de betyder?"

"Nej," sagde Theodor langsomt.

"Den gentager bare lydene."

"Præcis.

Og det er det samme med AI – den er dygtig til at efterligne os, men den forstår ikke de ord, den siger, på samme måde som du gør."

De steg ud af bilen og gik ind i huset.

Theodor satte sig ved spisebordet, mens far lavede en kop kakao.

"Men hvis AI ikke har følelser eller bevidsthed, hvorfor virker den så nogle gange så... menneskelig?"

Far satte sig ned med sin røde kop.

"Det er, fordi AI er bygget til at efterligne menneskelig adfærd.

Den analyserer milliarder af samtaler og finder de mønstre, der får mennesker til at føle, at de taler med en anden person.

Når du taler med en chatbot, bruger den al sin viden til at forudsige, hvad det mest sandsynlige svar er, men den forstår det ikke. Det er bare statistik."

Theodor stirrede ned i bordet.

"Så når jeg snakker med AI, snakker jeg faktisk bare med et meget avanceret regnestykke?"

Far lo.

"Ja, det kan man godt sige. En meget, meget avanceret lommeregner, der har lært at føre en samtale."

"Det lyder ret skuffende," sagde Theodor og sukkede.

"Det er det måske," sagde far,

"men det er også fantastisk.

Tænk på, hvad vi allerede kan gøre med AI.

Den kan hjælpe os med at opdage nye sygdomme, skabe kunst, forudsige vejret og endda hjælpe folk, der har mistet evnen til at tale.

AI behøver ikke at være som os for at være nyttig."

Theodor lænede sig tilbage i stolen og tænkte over det.

Han havde altid forestillet sig AI som noget menneskeligt – noget, der ville blive så intelligent, at det en dag ville kunne tænke som et menneske.

Men nu virkede det anderledes.

"Så vi er stadig klogere end AI?"

Far nikkede.

"På mange måder, ja.

AI kan være hurtigere end os til at regne og finde mønstre, men den kan ikke reflektere, føle eller skabe nye idéer ud af ingenting.

Det er stadig os, der bestemmer."

Theodor smilede.

"Godt. Så vi er stadig de klogeste i verden."

"For nu i hvert fald," sagde far med et glimt i øjet.

"Men det betyder også, at vi skal tage ansvar for, hvordan vi bruger AI. Teknologi i sig selv er hverken god eller ond – det afhænger af, hvad vi gør med den."

Theodor nikkede og rejste sig fra stolen.

Hans hoved var stadig fyldt med spørgsmål, men for første gang følte han, at han begyndte at forstå, hvad AI egentlig var – og hvad det *ikke* var.

Han greb sin tablet og begyndte at lege med den AI-app, han havde prøvet tidligere.

"Så længe vi er klogere end computeren," mumlede han for sig selv, *"er vi i sikkerhed."*

Far lo og tog en tår af sin kakao.

"Forhåbentlig, Theodor. Forhåbentlig."

KAPITEL 7: THEODOR FORSTÅR AI'S BEGRÆNSNINGER

Theodor sad ved spisebordet med sin computer foran sig, øjnene flakkede mellem skærmen og sin far, som sad overfor ham med en kop vand i hånden.

"Far, jeg har tænkt over noget," sagde han og lukkede sin laptop.

Far kiggede op på ham.

"Noget om AI, går jeg ud fra?"

"Ja," nikkede Theodor.

"Vi har snakket om, hvad AI kan, hvordan den lærer, og hvordan den kan skabe kunst og musik.

Men... hvad er AI's grænser? Hvad kan den ikke?"

Far satte koppen fra sig og lænede sig tilbage.

"Det er et godt spørgsmål, Theodor.

AI er imponerende, men den har mange begrænsninger.

Teknologiens hurtige udvikling får mange til at tro, at AI kan alt, men det kan den ikke.

Lad mig forsøge at forklare dig det, så godt jeg kan."

Hvor langt kan teknologien gå?

AI er uden tvivl en af de mest revolutionerende teknologier i vores tid, men den er langt fra perfekt. Den har sine begrænsninger, både teknisk og filosofisk.

Manglende forståelse og bevidsthed
AI kan analysere data og genkende mønstre, men den forstår ikke noget på samme måde, som mennesker gør. Den kan læse en tekst, men den reflekterer ikke over dens betydning.

Manglende kausal forståelse
En AI kan forudsige, hvad der sandsynligvis vil ske baseret på tidligere data, men den forstår ikke årsag og virkning.

Hvis den f.eks. ser, at folk bruger mere solcreme om sommeren, kan den forudsige et salgsmønster – men den forstår ikke, at det skyldes solens stråler.

Ingen kreativ originalitet
Generativ AI kan skabe imponerende kunstværker og tekster, men den skaber kun ud fra eksisterende data.

Den opfinder ikke noget nyt på samme måde, som mennesker gør.

"Så AI kan aldrig finde på noget helt nyt?" spurgte Theodor.

"Nej, ikke på samme måde som mennesker kan.

Den kan lave variationer af det, den allerede har set, men den skaber ikke noget ud af ingenting."

Theodor nikkede, men hans blik var stadig tænksomt.

"Men hvis den bliver ved med at lære, kan den så ikke udvikle sig til noget mere?"

Far trak på skuldrene.

"Måske, men det ville kræve, at vi forstår bevidsthed og kreativitet langt bedre, end vi gør i dag.

AI udvikler sig hurtigt, men der er stadig lang vej til ægte intelligens."

Theodor tog en slurk af sin juice og lagde armene over kors.

AI vil uden tvivl fortsætte med at udvikle sig, men spørgsmålet er, hvor langt den vil gå.

Samarbejde mellem mennesker og AI
Fremtidens AI vil sandsynligvis ikke handle om maskiner mod mennesker, men om hvordan vi kan arbejde sammen.

AI vil blive et værktøj, der hjælper os med at blive mere effektive og kreative.

Lovgivning og regulering

Efterhånden som AI bliver mere udbredt, vil regeringer være nødt til at regulere dens anvendelse for at undgå misbrug og sikre etiske standarder.

Utopiske vs. dystopiske scenarier

Mens nogle mener, at AI vil føre os ind i en guldalder af innovation, frygter andre en fremtid, hvor mennesker mister kontrollen over teknologien.

"Far, tror du, AI vil tage over en dag?" spurgte Theodor.

"Nej, men jeg tror, at vi skal være opmærksomme på, hvordan vi bruger den. AI er et værktøj, så det er op til os at bestemme, hvordan vi anvender det."

Theodor kiggede ud ad vinduet.

Han følte, at han forstod AI meget bedre nu.

"Så AI er ikke en trussel... men vi skal bruge den klogt?"

Far nikkede.

"Lige præcis. Og den bedste måde at gøre det på er at lære så meget som muligt om den."

KAPITEL 8: KAN AI LAVE MAD?

Theodor åbnede køleskabet og stirrede derind.

Et halvt glas pesto, en pakke æg, en lidt trist rest af parmesan og en pose cherrytomater, der så ud til at have set bedre dage.

Han sukkede og lukkede døren igen.

"Far, hvad skal vi lave til aftensmad?" spurgte han og kastede sig dramatisk ned i en stol ved køkkenbordet.

Far stod ved køkkenbordet med sin telefon og kiggede fraværende på skærmen. *"Hmm... vi har ikke planlagt noget, vel?"*

"Nej, og jeg gider ikke spaghetti igen," sagde Theodor og lavede en træt gestus mod køkkenet.

Far nikkede.

"Ja, vi har vist levet lidt for meget af pasta på det sidste. Måske skal vi være kreative i dag?"

Theodor fik et glimt i øjet.

"Vent! Jeg har en idé!"

Han rejste sig og tog sin egen telefon frem.

"Vidste du, at man kan tage et billede af sit køleskab og få ChatGPT til at foreslå opskrifter?"

Far løftede et øjenbryn.

"Seriøst? Sådan noget kunne vi have brugt for længe siden.

Hvordan fungerer det?"

"Man tager bare et billede af køleskabet, uploader det til ChatGPT, og så analyserer AI'en, hvad vi har, og giver os en opskrift!"

Far så skeptisk ud.

"Så du mener, at en AI kan lave madplaner ud fra en tilfældig rodebutik af ingredienser?"

"Lad os prøve!" sagde Theodor begejstret.

Han åbnede køleskabsdøren igen og tog et billede af indholdet.

Hvordan AI kan bruge billedgenkendelse i hverdagen

Billedgenkendelse er en af de mest avancerede teknologier inden for AI.

Når Theodor tager et billede af køleskabet, bruger AI en teknik kaldet computer vision til at analysere billedet og identificere ingredienserne.

Sådan fungerer det:

Objektgenkendelse: AI scanner billedet og genkender madvarer baseret på millioner af træningsdata.

Database-matchning: AI sammenligner ingredienserne med kendte opskrifter.

Opskriftsgenerering: AI foreslår måltider baseret på, hvad der passer sammen.

Denne teknologi bruges allerede i fødevareindustrien, landbrug og detailhandel til at genkende produkter, optimere lagerstyring og bekæmpe madspild.

"Okay, den har analyseret billedet," sagde Theodor og kiggede på skærmen.

"Den foreslår... en omelet med cherrytomater, parmesan og pesto. Serveret med ristet brød."

Far nikkede langsomt.

"Hmm, det lyder faktisk ret godt. Og nemt."

"Der er også en anden opskrift: En hurtig pastaret med pesto og æg. Men vi skulle jo ikke have pasta igen!"

Far grinede.

"Nej, omelet lyder som en god plan. Spørgsmålet er... kan AI lære os at lave den?"

"Lad os teste det!"

AI kan give os en opskrift, men den kan ikke hakke grøntsager, slå æg ud eller mærke, hvornår noget er færdigt.

Det er her, mennesker stadig er nødvendige.

Theodor fandt opskriften frem og begyndte at følge anvisningerne:

1. Pisk æggene sammen med lidt salt og peber.
2. Varm en pande op og hæld æggemassen på.
3. Tilsæt cherrytomater og drys med parmesan.
4. Lad det stege, indtil omeletten begynder at sætte sig.
5. Sluk for varmen, og put lidt pesto ovenpå, inden servering.

Theodor stirrede på panden og ventede.

"Far, hvor længe skal den stege?"

"Tja... det siger AI'en ikke noget om, vel?"

"Nej," mumlede Theodor.

"Den siger bare 'til den er færdig'."

Far grinede.

"Og dér har vi AI's største svaghed. Den kan fortælle os, hvad vi skal gøre, men den kan ikke se, om noget er færdigt. Det er op til os."

De ventede et par minutter, og far skubbede forsigtigt til omeletten med en spatel.

"Sådan. Nu folder vi den sammen og serverer den."

Theodor lagde maden på tallerkener og satte sig ved bordet. Han tog en bid og spærrede øjnene op.

"Far... det smager faktisk godt!"

Far smilede.

"Tillykke. Vi har lige lavet vores første AI-assisterede måltid."

Kan AI blive en digital kok?

AI kan i dag spille en rolle som en digital assistent i køkkenet, men spørgsmålet er, om den nogensinde kan blive en fuldgyldig kok.

Selvom AI er i stand til at analysere ingredienser og foreslå opskrifter baseret på tilgængelige råvarer, er der stadig mange aspekter af madlavning, hvor menneskelig intuition er uundværlig.

AI kan være en praktisk hjælp til at finde opskrifter ud fra de ingredienser, man har til rådighed, foreslå alternative råvarer, hvis noget mangler, og optimere madplaner for at reducere madspild.

Den kan hurtigt scanne databaser med tusindvis af opskrifter og komme med forslag, der matcher både præferencer og ernæringsmæssige behov.

Men trods dens evne til at behandle enorme mængder information er der klare begrænsninger.

AI kan ikke smage på maden og vurdere, om noget har den rette balance mellem sødme, syrlighed eller umami. Den kan heller ikke spontant justere en opskrift baseret på en persons unikke præferencer i realtid.

Hvis en sauce er for tynd, eller hvis pastaen trænger til et ekstra minut i kogevandet, vil AI ikke kunne tage den beslutning uden menneskelig indgriben.

Theodor rynkede panden og kiggede på sin far. *"Så AI kan hjælpe os, men den kan ikke erstatte en rigtig kok?"*

Far nikkede. *"Lige præcis.*

"AI kan være en fantastisk assistent i køkkenet, men den vil aldrig få intuition. Den følelse du får, når du ved, at noget mangler lidt salt eller peber.

Det er her, vi mennesker stadig har en fordel."

Da de var færdige med at spise, lænede Theodor sig tilbage i stolen.

"Det var faktisk ret sjovt. Tænk, at vi lavede mad ved hjælp af en AI!"

"Ja," sagde far, *"og tænk, hvad den vil kunne i fremtiden. Måske vil køkkener en dag have indbyggede AI-systemer, der automatisk bestiller varer eller foreslår opskrifter."*

"Så længe den ikke overtager alt, vil jeg gerne prøve det," sagde Theodor.

"Men indtil da... skal vi prøve AI-pizza næste gang?"

Far lo.

"God idé. Men denne gang skal vi stadig selv lave dejen."

Theodor smilede.

AI var smart – men han vidste nu, at mennesker stadig var de bedste kokke.

KAPITEL 9: THEODOR LÆRER OM KUNSTEN AF AT KONTROLLERE AI

Theodor sad ved køkkenbordet med sin tablet foran sig. Skærmen var fyldt med tekst fra Chat GPT, men han så ikke tilfreds ud.

"Far, jeg forstår det ikke. Jeg bad AI'en om at forklare, hvordan en raket virker, men den gav mig bare et virkelig kort svar. Jeg forstår det stadig ikke!"

Far tog en tår af sin kaffe og smilede.

"Velkommen til verdenen af prompt engineering, Theodor.

AI kan være et fantastisk værktøj, men hvis du ikke stiller det rigtige spørgsmål, får du ikke det svar, du ønsker."

"Så jeg skal blive bedre til at spørge?"

"Præcis!

At give gode instruktioner til en AI er en kunst i sig selv. Lad mig forklare, hvordan du kan få AI til at give dig de bedst mulige svar."

Hvad er Prompt Engineering?

Prompt engineering handler om at formulere spørgsmål eller instruktioner på en måde, der giver AI'en de bedste forudsætninger for at levere det ønskede resultat.

AI-modeller som ChatGPT fungerer ved at forudsige det mest sandsynlige svar baseret på de input, de får, men hvis inputtet er upræcist eller vagt, bliver svaret også upræcist.

Et godt prompt er derfor klar, detaljeret og struktureret, så AI'en kan forstå præcis, hvad du leder efter.

"Så AI er lidt ligesom en doven elev, der kun gør præcis, hvad man beder den om?" spurgte Theodor med et grin.

Far lo.

"Ja, på en måde. Den følger dine instruktioner slavisk, men den stiller ikke selv spørgsmål, hvis noget er uklart. Så det er dit ansvar at guide den rigtigt."

Hvordan fungerer AI's svarmekanisme?

For at forstå prompt engineering er det vigtigt at vide, hvordan en AI-genereret tekst opstår.

AI fungerer ved at analysere en gigantisk database af tekst og derefter beregne sandsynligheden for, hvilket ord der bedst følger efter det forrige.

Når du skriver en prompt, sker følgende bag kulissen:

1. *AI'en identificerer nøgleord* – Den forsøger at forstå, hvad du beder om.

2. *Den vurderer konteksten* – Hvis din prompt er for vag, kan den misforstå din intention.

3. *Den vælger det mest sandsynlige næste ord* – Dette fortsætter, indtil svaret er færdigt.

"Så den gætter sig frem?" spurgte Theodor.

"Ja, men det er en kvalificeret gætteleg baseret på enorme mængder data. Jo bedre din prompt er, desto mere præcist bliver svaret."

Best Practice: Sådan skriver du gode prompts

For at få AI til at give dig de bedste svar, skal du følge nogle enkle regler:

1. Vær specifik

I stedet for:
"Fortæl mig om en raket."

Prøv:
"Forklar, hvordan en raket fungerer, og giv en trin-for-trin guide til opsendelse."

Hvorfor? Jo mere præcis du er, desto mindre gætter AI'en.

2. Angiv formatet for svaret

I stedet for:
"Hvad er de største byer i verden?"

Prøv:
"Lav en liste over de 10 største byer i verden baseret på befolkningstal, og giv en kort beskrivelse af hver."

Hvorfor? Hvis du specificerer formatet (liste, guide, essay, brødtekst), får du et mere struktureret svar.

3. Brug rollebaserede prompts

I stedet for:
"Forklar økonomi."

Prøv:
"Forestil dig, at du er en økonomiprofessor, der underviser en 12-årig. Forklar grundlæggende økonomiske begreber på en enkel måde."

Hvorfor? AI'en kan tilpasse tonen og niveauet, hvis du beder den om at indtage en bestemt rolle.

4. Inkluder kontekst og begrænsninger

I stedet for:
"Giv mig en historie."

Prøv:
"Skriv en sjov, 300 ord lang historie om en astronaut, der finder en talende kat på Mars."

Hvorfor? Hvis du angiver længde, tone eller emne, får du et mere relevant svar.

Fejl mange laver når de skriver prompts

"Så hvis jeg bare skriver et godt prompt, så får jeg altid et perfekt svar?" spurgte Theodor.

Far rystede på hovedet.

"Ikke helt. AI har stadig begrænsninger, og mange laver fejl, når de skriver prompts."

Her er nogle klassiske fejl:

For brede eller vage prompts – AI gætter, og svaret bliver upræcist.

For komplekse prompts – Hvis du beder AI'en om at gøre for meget på én gang, kan den misforstå dig.

Manglende kontekst – Hvis du ikke giver nok information, kan AI'en give et svar, der ikke passer til din situation.

"Så det handler om balance?" sagde Theodor.

"Lige præcis. Et godt prompt er specifik, men ikke for snæver. Den giver AI'en frihed, men ikke for meget."

Theodor legede med forskellige prompts. Han bad AI'en om at:

1. *Skrive en rap om robotter i stil med Eminem.*

2. *Forklare kvantemekanik som om den talte til en 5-årig.*

3. *Skrive en sjov tekst om en AI, der bliver træt af at svare på dumme spørgsmål.*

Resultaterne var sjove og overraskende præcise.

"Wow! Man kan virkelig få AI til at gøre næsten hvad som helst!" sagde Theodor.

"Ja," sagde far.

"Men kun hvis du ved, hvordan du spørger."

AI er kun lige så godt som dit prompt

Theodor lænede sig tilbage og kiggede tilfreds på sin skærm.

Han følte, at han havde lært noget vigtigt i dag.

"Så at bruge AI handler ikke kun om at stille spørgsmål... det handler om at stille de rigtige spørgsmål?"

Far nikkede.

"Præcis. Prompt engineering er en færdighed. Jo bedre du bliver til at kommunikere med AI, desto bedre svar får du."

"Så jeg kan blive en AI-mester, bare ved at blive god til at spørge?"

"Lige præcis, Theodor.

Og nu hvor du har knækket koden, kan du få AI til at hjælpe dig med næsten alt."

Theodor smilede og begyndte at skrive et nyt prompt.

Han vidste, at han lige havde låst op for en ny superkraft – kunsten at styre AI.

KAPITEL 10: KAN EN MASKINE SKRIVE ET HIT?

Theodor sad med sine høretelefoner på og nynnede med på en sang, han havde fundet på nettet.

Den havde en fængende melodi, men der var noget sært ved den.

Han tog høretelefonerne af og kiggede på sin far, som sad i sofaen og læste.

"Far, kan du tro det her? Denne sang er lavet af en AI!"

Far kiggede op fra sin bog.

"Virkelig? Lad mig høre den."

Theodor trykkede play, og rummet blev fyldt med en blød vokal og en melodi, der lød som noget fra radioen.

"Den lyder jo helt professionel," sagde far overrasket.

"Ja!

Den er lavet af en AI-model, der kan komponere musik helt selv!" sagde Theodor begejstret.

"Men hvordan gør den det? Hvordan kan en maskine skrive en sang?"

Far smilede og satte sig lidt frem i sofaen.

"Det kan også være svært at forstå!"

Hvordan fungerer AI-musikproduktion?

AI-musikproduktion er baseret på machine learning-modeller, der analyserer millioner af musiknumre for at lære deres mønstre, harmonier og rytmer.

Disse modeller kan derefter generere nye melodier, beats og endda sangtekster.

Processen kan opdeles i flere trin:

Analyse af eksisterende musik – AI lærer, hvordan musik er opbygget, inklusive akkorder, melodilinjer og tekster.

Mønstergenkendelse – AI opdager, hvilke kombinationer der ofte forekommer i populære sange.

Generering af ny musik – AI skaber nye melodier baseret på det, den har lært.

Forbedring gennem feedback – AI justerer sit output baseret på, hvad mennesker synes lyder godt.

"Så AI kopierer bare musik?" spurgte Theodor.

"Ikke helt," sagde far.

"Den skaber noget nyt, men den gør det ved at lære fra eksisterende musik.

Den forstår ikke musikken – den genkender bare mønstre og genskaber dem på nye måder."

Når maskiner forfiner musik

Ud over at skabe musik kan AI også bruges til at forfine og forbedre den.

Autotune – En af de mest kendte AI-teknologier i musikbranchen.

AI kan automatisk rette en vokal, så den rammer de helt rigtige toner. Nogle kunstnere bruger autotune subtilt, mens andre – som T-Pain og Travis Scott – har gjort det til en del af deres stil.

Mastering – AI kan analysere en sang og justere lyden, så den lyder professionel.

Tidligere var mastering noget, kun erfarne lydteknikere kunne gøre, men nu kan AI gøre det med få klik.

"Så AI kan gøre hvem som helst til en professionel musiker?" spurgte Theodor.

"I teorien, ja," sagde far.

"Men det betyder ikke, at AI har kreativitet. Den kan hjælpe med teknikken, men det er stadig mennesket, der bestemmer, hvordan musikken skal føles."

Hvordan kunstnere bruger AI i musik

Mange musikere bruger AI som et værktøj til at eksperimentere med nye lyde og idéer.

Beat-making – AI kan generere trommerytmer og melodier, som kunstnere derefter kan bygge videre på.

Stemmegenerering – AI kan klone kunstneres stemmer og skabe vokaler, der lyder menneskelige.

Tekstskrivning – AI kan skrive sangtekster baseret på specifikke temaer eller følelser.

Nogle kunstnere bruger AI til at finde inspiration, mens andre skaber hele numre med AI's hjælp.

"Så AI er ligesom en assistent for musikere?" spurgte Theodor.

"Lige præcis. Den kan hjælpe med at finde idéer og forfine musik, men den erstatter ikke kunstnerens følelser og vision."

Kan AI skabe ægte følelser i musik?

En af de største debatter om AI-genereret musik er, om en maskine kan skabe ægte følelser.

Musik handler om mere end bare akkorder og rytmer – det handler om oplevelser, historier og følelser.

Når en kunstner skriver en sang, er den ofte baseret på noget, de har oplevet.

AI kan lave smukke melodier, men den har ingen følelser. Den ved ikke, hvordan det føles at have hjertesorg, glæde eller længsel – den kan kun genskabe de mønstre, som mennesker har skabt før.

"Så en AI kan lave en trist sang, men den forstår ikke, hvorfor den er trist?" sagde Theodor.

"Præcis. Den kan analysere tusindvis af triste sange og lave en, der lyder trist, men den mærker det ikke selv."

Eksempler på AI-musikværktøjer

Mange virksomheder og forskere eksperimenterer med AI-genereret musik.

Her er nogle af de mest kendte projekter:

Jukebox – En AI, der kan generere sange med vokal og instrumenter i forskellige stilarter.

AIVA – En AI, der komponerer klassisk musik og filmmusik.

Amper Music – En AI, der hjælper kunstnere med at lave musik på få minutter.

Disse teknologier er allerede i brug, og det bliver spændende at se, hvordan de vil udvikle sig.

AI og musik: Fremtid eller gimmick?

AI ændrer musikindustrien, men den erstatter ikke menneskelig kreativitet.

Den kan hjælpe kunstnere med at skabe nye lyde, gøre produktionen hurtigere og forbedre lydkvaliteten, men den har ingen følelser, ingen intentioner og ingen livserfaring.

"Så AI kan hjælpe musikere, men den kan aldrig blive en ægte kunstner?" spurgte Theodor.

"Lige præcis," sagde far.

"Musik handler om historier, oplevelser og følelser.

AI kan imitere det, men den kan ikke skabe noget, der virkelig føles menneskeligt."

Theodor nikkede og satte sine høretelefoner på igen.

"Godt. For jeg vil stadig lave min egen musik – ikke bare lade en maskine gøre det for mig."

Far smilede.

"Det lyder som en god plan, Theodor."

KAPITEL 11: THEODOR BEGYNDER MED AI

Theodor sad foran sin computer og trommede med fingrene mod bordet.

Han havde brugt uger på at tale med sin far om AI, men nu ville han for alvor selv prøve det.

"Far, jeg vil gerne lære at bruge AI! Ikke bare snakke om det, men faktisk prøve det selv."

Far så op fra sin kaffekop og smilede.

"Det er en fantastisk idé, Theodor! Men hvor vil du starte?"

Theodor tøvede.

"Tja... jeg ved ikke helt. Det er som om, AI er overalt. Jeg ved ikke, hvor jeg skal begynde."

Far nikkede.

"Det er en god pointe.

AI kan bruges til mange ting – tekst, billeder, GPS, musik, kodning... Men det vigtigste, når du starter, er tre ting:

Nysgerrighed, kritisk tænkning og trial-and-error."

Theodor løftede et øjenbryn.

"Hvordan mener du?"

AI er en af de mest spændende teknologier lige nu, men den kræver, at du tør stille spørgsmål og eksperimentere.

"Tænk på AI som en ny legokasse," sagde far.

"Du ved ikke præcis, hvad du kan bygge endnu – men jo mere du leger med klodserne, desto mere lærer du."

Hvordan kan du udforske AI?

1. *Leg med AI-modeller* – Prøv ChatGPT, DALL·E eller et AI-musikværktøj og se, hvad de kan.

2. *Udforsk AI i hverdagen* – Find ud af, hvor du allerede bruger AI (Netflix, Google, Siri).

3. *Prøv forskellige typer AI* – AI er ikke kun tekst! Der findes AI, der kan lave alverdens ting, spille skak eller generere kode.

"Okay, så jeg skal bare lege med det?" sagde Theodor.

"Præcis," sagde far.

"Men husk – AI er ikke magi. Det er bare en avanceret lommeregner, der giver dig det svar, du beder om. Og det betyder, at du altid skal være kritisk."

Selvom AI kan give imponerende svar, er den ikke fejlfri.

"Forestil dig, at du spørger AI om noget, men den giver dig et forkert svar – ville du tro på det uden at tjekke det?" spurgte far.

"Ja, hvorfor ikke?" sagde Theodor.

Far mumlede lidt for sig selv.

"For AI lyder altid overbevisende – selv når den tager fejl."

Husk altid at være kritisk overfor de svar du får fra en AI.

1. *Tjek kilderne –* AI kan ikke altid skelne mellem fakta og fiktion.

   Spørg ind til hvilke kilder der er brugt.

2. *Prøv at spørge på en anden måde –* Hvis du får et mærkeligt svar, omformuler dit spørgsmål og se, om AI svarer anderledes.

   Husk principperne fra prompt engineering.

3. *Brug din sunde fornuft –* Hvis noget lyder for godt til at være sandt, er det nok ikke sandt.

"Så jeg skal ikke bare stole på alt, hvad AI siger?" sagde Theodor.

"Nej," sagde far. *"*

AI er et værktøj, men det kræver, at du bruger din egen hjerne. Det er i samspillet vi opnår noget magisk."

Det bedste ved AI er, at du ikke kan gøre noget forkert – du kan kun lære.

"Forestil dig, at du prøver at lære at cykle," sagde far.

"Du falder måske et par gange, men det betyder ikke, at du aldrig lærer det. Du justerer bare, indtil du finder balancen."

Det samme gælder AI:

Prøv forskellige prompts – Se, hvordan AI reagerer på forskellige typer spørgsmål.

Test AI på forskellige opgaver – Få AI til at skrive historier, generere kode eller lave en madopskrift.

Fejl er en del af læringen – Hvis AI giver et mærkeligt svar, så find ud af hvorfor.

"Så jeg skal bare prøve mig frem?" spurgte Theodor.

"Ja! AI bliver kun bedre, jo mere du forstår, hvordan du bruger den."

Theodors første AI-projekt

"Okay, jeg vil prøve noget," sagde Theodor og åbnede sin computer.

"Jeg vil lave en AI-historie."

Han skrev et prompt:

"Skriv en historie om en robot, der vil lære at danse."

AI'en svarede hurtigt med en sød fortælling om en robot, der snublede, men til sidst lærte at danse takket være en venlig pige.

"Det var da nemt!" sagde Theodor.

"Men jeg vil have en mere detaljeret historie."

Han ændrede sit prompt:

"Skriv en 300 ord lang historie om en robot, der lærer at danse tango. Brug sjove detaljer, dialog og en overraskende slutning."

Denne gang var historien meget mere interessant.

"Det virker! Jo bedre jeg spørger, desto bedre bliver svaret!"

Far nikkede.

"Og dét, Theodor, er essensen af AI – jo mere du eksperimenterer, desto mere lærer du."

AI er et eventyr, du selv skaber

At komme i gang med AI handler ikke om at være ekspert fra starten. Det handler om at udforske, tænke kritisk og prøve sig frem.

Theodors AI-regler:

1. *Vær nysgerrig* – Leg med AI, stil spørgsmål og se, hvad den kan.

2. *Vær kritisk* – AI kan tage fejl, så brug din egen logik.

3. *Eksperimentér* – Lær gennem trial-and-error.

"Så hvis jeg bare bliver ved med at prøve, kan jeg lære at bruge AI til alt muligt?" spurgte Theodor.

"Ja," sagde far.

"AI er som en ny superkraft – men kun hvis du lærer at bruge den rigtigt."

Theodor smilede og skrev et nyt prompt. Han vidste, at han lige havde taget sit første skridt ind i AI-verdenen.